Oma braucht uns

Das Kindersachbuch zum Thema Altwerden, häusliche Pflege und Generationen-Wohnen

Text: Alexandra Scherf, Regina Masaracchia, Heike Wolter

Illustrationen: Regina Masaracchia

Bibliografische Information der Deutschen Nationalbibliothek
Die Deutsche Nationalbibliothek verzeichnet diese Publikation in der Deutschen Nationalbibliografie; detaillierte bibliografische Daten sind im Internet über http://dnb.d-nb.de abrufbar.

1. Auflage Dezember 2014
© 2014 edition riedenburg
Verlagsanschrift Anton-Hochmuth-Straße 8, 5020 Salzburg, Österreich
Internet www.editionriedenburg.at
E-Mail verlag@editionriedenburg.at

Lektorat Dr. Caroline Oblasser
Satz und Layout edition riedenburg
Herstellung Books on Demand GmbH, Norderstedt

ISBN 978-3-902943-78-1

Inhalt

Alt werden, pflegen, zusammenhalten

Die steigende Lebenserwartung führt dazu, dass Kinder ihre Großeltern heute länger und bewusster auf ihrem Lebensweg wahrnehmen. Dabei entsteht oft eine ganz besondere Beziehung zwischen den Generationen.

Wenn gesundheitliche Veränderungen bei Oma oder Opa eintreten, verändert sich das eingespielte Miteinander: Aus den fürsorglichen Großeltern werden Menschen, die selbst Hilfe benötigen. Innerhalb der Familie und von außen, beispielsweise durch mobile Pflegedienste.

In der Geschichte von Elias und Malin zieht die Familie in eine andere Stadt, damit Oma und Opa nicht länger alleine sind. Im selben Haus ergeben sich neue Routinen, und Elias und Malin genießen die Zeit mit den Großeltern. Sie haben stets ein offenes Ohr und erzählen viel von früher.

Als Oma sich verletzt, wird klar, dass alle mithelfen müssen. Denn Oma braucht fortan viel Unterstützung bei alltäglichen Dingen. Die Geschwister lernen Rollator und Toilettensitzerhöhung, Essen auf Rädern und Treppenlift kennen. Unbefangen und voller Neugier helfen sie den Erwachsenen, die Situation anzunehmen.

Gute Gespräche, sei es aus aktuellem Anlass
oder einfach so, wünschen
die Autorinnen & die Illustratorin
Alexandra Scherf, Heike Wolter & Regina Masaracchia

Hallo!

Ich heiße Elias, bin fast sieben Jahre alt und komme bald in die zweite Klasse. Am liebsten fahre ich Fahrrad oder spiele Piraten mit meiner Schwester Malin, die fünf Jahre alt ist.

Meine Mama heißt Anne und mein Papa heißt Tobias.

Ich habe auch eine Sternenschwester, die heißt Lilly. Lilly war als Baby sehr krank und ist gestorben. Sie wohnt bei den Sternen. Ein Foto von Lilly hing bis vor kurzem in unserem Wohnzimmer an der Wand gegenüber dem großen Fenster. Dort, wo jeden Morgen die Sonne hineinscheint.

Im Moment ist das Bild nicht da, obwohl wir Lilly alle wirklich gern um uns haben. Das hat aber einen ganz wichtigen Grund – wir werden umziehen!

„Papa hat eine neue Arbeit gefunden!", hat uns Mama vor einiger Zeit erklärt. „Und", fügt Papa hinzu, „das Beste kommt noch. Die neue Arbeit ist in der Stadt, wo Oma Hanni und Opa Walter wohnen! Wir ziehen zu ihnen, in ihr Haus! In den Sommerferien ist es so weit."

„Was für 'ne supertolle Nachricht!", rufe ich. Gemeinsam mit Malin tanze ich vor Freude durch das Zimmer.

Das sind wir

Mama Anne

Oma Hanni

Opa Walter

Papa Tobias

Malin

Kater Carlo

Elias

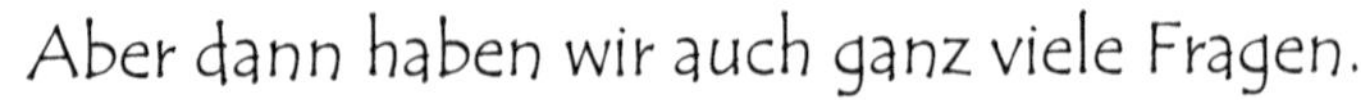

Aber dann haben wir auch ganz viele Fragen.

„Was ist mit meiner Schule?", möchte ich wissen. „Wie soll ich denn jeden Morgen hierher kommen? Mit dem Hubschrauber vielleicht?"

Mama und Papa lachen.

„Natürlich nicht!", sagen sie einstimmig. „Du wirst eine neue Schule besuchen in der neuen Stadt."

Hm, schade! Die Idee hätte mir schon gefallen, weil ich später einmal Hubschrauberpilot werden möchte.

Aber wie geht das wirklich, dass wir mit Oma Hanni und Opa Walter in einem Haus zusammenwohnen? Wird sich mein Hamster Nico mit Omas Kater Carlo und ihrem Wellensittich Putzi verstehen?

Malin will wissen, ob sie dann, wie in den Ferien, bei Oma im Bett schlafen und abends lange aufbleiben darf.

Wir reden beide auf einmal, und Mama und Papa bringen uns erst mal zur Ruhe.

Papa sagt: „Wie in den Ferien ist es sicherlich nicht. Wir sind ja dann immer zusammen, jeden Tag. Das nennt man Alltag, und der muss geregelter laufen als die Ferien. Oma und Opa werden in die untere Etage ziehen. Dort gibt es zwei schöne Zimmer, eine Küche und ein Bad."

„Dann essen Oma und Opa gar nicht jeden Tag bei uns?", fragt Malin und schaut ein wenig enttäuscht.

„Nicht jeden Tag, aber bestimmt manchmal!", meint Mama. „Oma und Opa wohnen ja unten, wir wohnen oben. Jeder hat also die Möglichkeit, seinen Alltag allein zu verbringen. Trotzdem sind wir dicht zusammen und können uns gegenseitig immer schnell helfen. Etwa wenn Oma einkaufen muss, dann kann ich sie mit dem Auto fahren und schwere Sachen tragen. Oder Oma passt auf euch beide auf, wenn ich mal weg muss."

„Cool!", sage ich und denke daran, wie ich Omas Einkäufe mit dem Hubschrauber bringe. Vielleicht könnte ich mir ja einen ferngesteuerten Hubschrauber zu Weihnachten wünschen?

Papa kratzt sich am Kopf. „Da kommen bestimmt noch einige Herausforderungen auf uns zu."

Mama klopft Papa auf die Schulter und sagt: „Keine Sorge, Tobias. Es wird sich alles fügen."

Seit diesem Gespräch sind die Tage wie im Flug vergangen. Gestern gab es Zeugnisse. Mein erstes! Im Lesen und Schreiben und Rechnen bin ich besonders gut. Malen mag ich nicht so gerne, aber ich habe mich immer angestrengt.

Mama und Papa haben sich sehr über mein Zeugnis gefreut und mir gesagt: „Elias, wir sind sehr, sehr stolz auf dich. Dafür gehen wir heute Abend in die Pizzeria. Einverstanden?" Na klar!

Und nun ist er da, der Tag des großen Umzugs! Papa hat schon seit Montag Urlaub, er und Mama haben ganz viele Pappkisten mit noch mehr Dingen vollgepackt. Auch das Bild von Lilly ist – in knisternde, weiche Folie gewickelt – in einem Karton verschwunden.

Sogar ich habe Kartons in meinem Zimmer, in die ich nach und nach ganz allein alles einpacke. Hui, was da alles zum Vorschein kommt! Eine Spieluhr aus meiner Babyzeit habe ich gefunden, und hinter dem Schrank kam mein verloren geglaubter Stoffhase zum Vorschein. Da habe ich ganz laut gejubelt.

Als ich fertig damit bin, meine Dinge einzuräumen, lege ich mein Skateboard auf die verschlossenen Kisten. Ganz kurz bin ich ein wenig traurig, als ich mein leeres Zimmer anschaue und an meinen besten Freund Arne denke, den ich nun nur noch in den Ferien besuchen kann.

Aber dann kribbelt mein Bauch wieder vor Aufregung. Heute Abend schon schlafe ich in meinem neuen Bett in meinem neuen Zimmer im Haus von Oma Hanni und Opa Walter! Und in Zukunft wache ich jeden Morgen dort auf!

Seit unserem Umzug sind schon einige Wochen vergangen. Von meinem neuen Zimmer kann ich in den Garten schauen.

Auch Mama, die am Anfang alle Kisten wieder auspacken musste, arbeitet wieder. Sie ist Lehrerin. Deshalb sind Malin und ich jeden Tag nach dem Kindergarten und der Schule bei Oma und Opa.

Oma kocht und Opa hilft mir bei den Hausaufgaben. Opa kann mir alles erklären, wenn ich etwas nicht verstehe!

„Ich finde es ganz toll, dass wir nun alle in einem Haus wohnen", sagt Opa und drückt mich. Auch Malin und ich finden es prima!

Manchmal berichtet uns Oma, wie das so war, als wir noch ganz klein waren. Und ab und zu erzählt sie auch, wie es war, als Mama noch klein war. Diese Geschichten liebe ich besonders! Ich kann mir fast nicht vorstellen, dass Mama mal so ein kleines Mädchen war wie Malin.

„Einmal habe ich eine Uhr zum Geburtstag geschenkt bekommen", erzählt uns Oma beim Kochen. „Sie war besonders schön mit einem ganz glänzenden Armband. Deine Mama fand sie auch ganz toll! Damit sie ihr keiner wegnimmt, ist sie in den Garten gegangen und

„Klar", sage ich. Schnell klettere ich auf die Rückbank des Autos in meinen Sitz und schnalle mich an. Durch das Fenster beobachte ich, wie die Transporttrage mit Oma in den Krankenwagen geschoben wird. Die Türen schließen sich, das Blaulicht geht an und der Wagen fährt los.

„Hoffentlich hat sich Oma nicht so arg weh getan", denke ich mir.

Im Krankenhaus müssen wir Oma erst einmal suchen. Der Mann in der Eingangshalle schaut in seinen Computer und erklärt Mama dann, wohin wir gehen müssen.

Ich nehme Opas Hand. Die ist ganz kalt.

Opa drückt meine Hand kurz und lächelt mich an. „Das wird schon“, sagt er. Bestimmt merkt er, wie aufgeregt ich bin.

Wir laufen los, Mama vorneweg, Opa und ich hinterher. Wir müssen durch viele Gänge gehen. Wie groß das Krankenhaus ist! Nur gut, dass Opa meine Hand hält, dann kann ich mich nicht verlaufen.

Vor einer großen Tür bleiben wir stehen. Mama klingelt. Ein großes Schild hängt an der Wand, „Notaufnahme“ steht darauf.

„Opa, was heißt Notaufnahme?“, will ich wissen.

„Hierher bringt der Krankenwagen alle Leute, die dringend ins Krankenhaus müssen“, erklärt Opa. „Sie werden untersucht und dann wird entschieden, wie sie behandelt werden. Danach kommen die Kranken auf eine Station.“

„Und was ist eine Station?“, frage ich. „Dort kümmern sich Krankenschwestern und Krankenpfleger, Ärztinnen und Ärzte den ganzen Tag und auch nachts um die Patienten, damit es ihnen bald wieder besser geht", erklärt Opa. „Wer wieder gesund ist, wird nach Hause entlassen."

Ich bin erst mal beruhigt. Die Tür der Notaufnahme öffnet sich und eine Krankenschwester holt uns herein.

Drinnen spricht eine Ärztin mit Opa und Mama. Ich versuche zuzuhören, verstehe aber nicht, wovon sie reden. Also schaue ich mich in der Notaufnahme um.

Es gibt viele Türen, manche sind offen. Einige Leute in weißer Kleidung laufen herum. Neben einer der offenen Türen sitzt ein alter Mann im Rollstuhl und wartet. Überall gibt es hohe Schränke. Was wohl darin ist? Auf einem Metallwagen stehen einige Kisten mit weißen Binden, Pflastern, einer Schere und noch anderen Sachen, die ich noch nie gesehen habe.

Endlich ist das Gespräch beendet! Mama und Opa gehen mit mir zu ein paar Stühlen, die an einer Wand stehen.

„Oh je", sagt Mama, als sie sich auf einen der Stühle fallen lässt. Dann sagt sie zu mir: „Oma hat ein Bein und ihre Schulter gebrochen und muss operiert werden."

Ich bekomme einen großen Schreck. „Kann Oma dann nie wieder laufen?", will ich wissen.

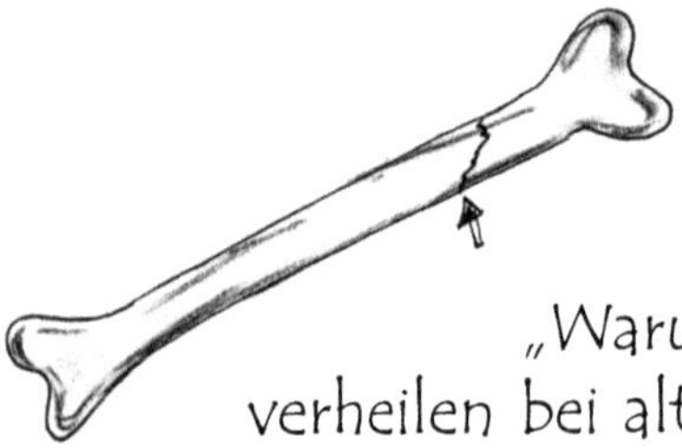

Mama schaut besorgt. „Doch, das wird sie wieder können. Aber es wird bestimmt sehr lange dauern, bis sie wieder ganz gesund ist."

„Warum?", wundere ich mich. „Knochenbrüche verheilen bei alten Menschen nicht mehr so schnell", erklärt Mama. „Oma muss nach ihrer Operation eine Weile hier im Krankenhaus bleiben. Danach kommt sie für einige Zeit in eine spezielle Reha-Klinik. Dort lernt sie das Laufen wieder ganz neu." Das klingt alles schrecklich kompliziert.

„Kann ich Oma sehen?", frage ich.

„Ja, wir können gleich kurz zu ihr", lächelt Mama.

So ein Glück! Dann kann ich sie gleich selbst fragen, wann sie wieder mit mir Fußball spielen kann.

Oma ist ganz blass und liegt in einem weißen Bett. Aber sie lächelt mich an!

„Hallo Elias, wie schön, dass du mich besuchen kommst", sagt sie.

„Hallo Oma. Tut dein Bein sehr weh?", frage ich.

Oma schüttelt den Kopf. „Nein, ich habe von einer Krankenschwester Medizin gegen die Schmerzen bekommen."

In der Tür steht eine Frau mit weißem Kittel. Auf dem Wägelchen vor ihr sind verschiedene Fläschchen und Packungen mit Pillen. Ich erinnere mich daran, dass ich von Mama auch schon einmal Medizin bekommen habe, als ich krank war.

Opa setzt sich auf die Bettkante und nimmt Omas Hand, Mama seufzt und streicht mir über den Kopf.

„Oma, wann können wir wieder Fußball spielen?", will ich von Oma wissen.

„Das weiß ich nicht, Elias", sagt Oma und schaut mich etwas traurig an. „Ich befürchte, das wird eine Weile dauern. Vielleicht kann ich auch gar nicht mehr rennen. Aber weißt du was?" Sie zwinkert mir zu. „Ich bin eine ganz tolle Schiedsrichterin! In Zukunft spielst du dann einfach gegen Papa, und ich zähle die Tore."

Ich bin froh, dass Oma später beim Fußballspielen wieder dabei sein wird. „Das mit der Schiedsrichterin ist eine tolle Idee, Oma!", sage ich zu ihr. „Malin hat sich nämlich immer verzählt.“ Oma gibt mir einen dicken Schmatz auf die Wange. Dann ist die Besuchszeit auch schon wieder vorbei. „Oma muss sich jetzt ausruhen“, sagt Mama.

Beim Rausgehen schenkt mir die Krankenschwester eine Mullbinde und eine Plastikspritze ohne Nadel. Prima, dann kann ich zu Hause Malin gleich mal einen echten Verband anlegen und mit ihr Krankenhaus spielen.

Seit wir das erste Mal bei Oma im Krankenhaus waren, ist Malin fast jeden Tag meine Patientin und ich bin ihr Arzt. Oder umgekehrt.

„Aua aua, ich bin hingefallen, mein Arm tut so weh!", jammert Malin heute. „Das wird schon wieder", tröste ich sie. „Ich mache dir jetzt einen Verband, dann können wir bald wieder Fußball und Piraten spielen!"

Erst tue ich so, als ob ich meiner Schwester eine Spritze gebe. Dann lege ich ihr den Verband an.

Das macht Spaß und Opa bewundert Malins Arm dann immer.

Manchmal will Malin auch die Ärztin sein. Eigentlich bin ich viel lieber selbst der Arzt, aber natürlich lasse ich sie auch mal.

Oma fehlt uns allen sehr. Alle paar Tage fahren wir sie besuchen. Weil Oma inzwischen in einer sogenannten „Rehaklinik" ist, geht das nicht mehr so oft. Diese Klinik ist nämlich in einer anderen Stadt.

Oma ist nun schon ganz schön lange dort und bekommt alles Mögliche neu beigebracht. Obwohl sie doch schon so alt ist und alles schon mal gelernt hat! Papa hat uns erklärt, dass Oma viel Zeit braucht, um wieder gesund zu werden. Außerdem hat Oma festgestellt, dass sie manches gar nicht mehr alleine machen kann. Aber Papa meint, wir kriegen das schon hin.

Wenn Oma nur wieder zu Hause wäre!

In der Zwischenzeit kocht mir nun Opa nach der Schule das Mittagessen, bevor er mir – wie immer – bei den Hausaufgaben hilft. Ich wusste gar nicht, dass er kochen kann. Schließlich hat das immer Oma gemacht.

Opa meint, dass er auch ab und zu Essen auf Rädern bestellen wird. Das würde ich gern mal sehen. Haben die Kartoffeln dann zwei oder vier Räder?

Heute ist der große Tag gekommen – Papa holt Oma heim!

In letzter Zeit war viel los: Mama und Papa haben die ganze Wohnung von Oma und Opa umgeräumt. Den schönen kleinen Teppich vom Flur haben sie auf den Dachboden getragen. Opa fand das erst gar nicht gut.

„Den mag Oma aber so gern!", hat er geschimpft.

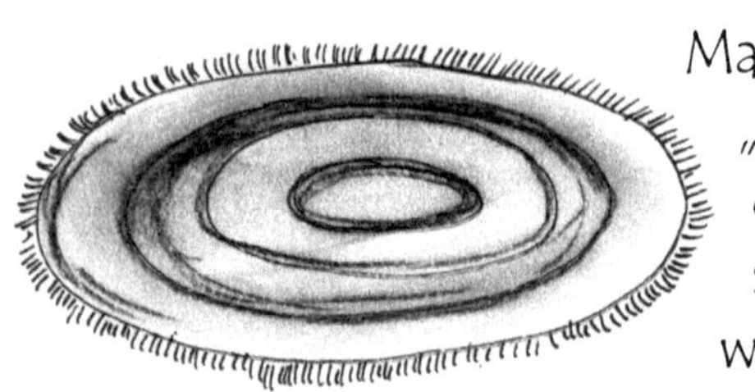

Mama hat geseufzt und dann geantwortet: „Das weiß ich doch. Aber es ist einfach zu gefährlich! Oma könnte wieder darüber stolpern und sich etwas brechen. Das wollen wir doch nicht, oder?"

Daraufhin durfte der Teppich weggeräumt werden.

Es wurden viele Sachen gebracht, die ich noch nie gesehen hatte. Und zusätzlich auch noch ein Hausnotruf beim Telefon installiert, mit dem Oma ganz schnell Hilfe holen kann, wenn es ihr einmal nicht gut gehen sollte und Mama und Papa nicht zu Hause sind.

In die Badewanne wurde ein praktisches Gerät eingebaut. Nun muss Oma nicht mehr kompliziert in die Wanne steigen, wenn sie baden möchte, sondern kann sich einfach auf den Badewannenlifter setzen. Der fährt sie dann automatisch ins Wasser.

Ich durfte den Badewannenaufzug auch ausprobieren. Das war fast so lustig wie im Schwimmbad!

Im Schlafzimmer wurde das große Bett von Oma und Opa umgebaut. Omas Bett kann nun elektrisch hoch und runter fahren. Ich habe schon alle Positionen ausprobiert, aber Opa hat gesagt, ich soll nicht so oft herumschalten, sonst ist das Bett noch kaputt, bevor Oma wieder eingezogen ist.

Malin und ich haben ganz viele Luftballons aufgeblasen. Mama hat sie verknotet und alle an eine lange Schnur gebunden. Die haben wir über der Eingangstür aufgehängt. Jetzt kann Oma kommen.

Wie wir uns alle auf sie freuen!

Endlich hören wir das lang ersehnte Hupen von Papas Auto vor der Tür. Mama ermahnt uns noch, vorsichtig zu sein mit Oma, aber wir rennen schon hinaus. Wo bleibt Oma bloß?

Papa steigt aus dem Auto und holt aus dem Kofferraum ein komisches Metallgestell, das Oma in der Reha bekommen hat. Er erklärt uns, dass das ein Gehgestell ist. Die kann Oma Schritt für Schritt nach vorne heben, damit sie besser gehen und stehen kann.

Papa macht die Tür auf – und nun sehe ich Oma.

„Oma!", rufen Malin und ich und rennen zu ihr hin. „Vorsichtig, ihr beiden! Oma ist noch recht wackelig auf den Beinen", ermahnt uns Mama. Papa reicht Oma die Hand und hilft ihr beim Aussteigen. Wie dünn und blass Oma geworden ist! Mir wird ganz mulmig zumute.

Oma steigt langsam mit Papas Hilfe aus dem Auto und stützt sich sofort schwer auf die Handgriffe des kleinen Gehgestells. Dann schaut sie hoch. Als sie Malin und mich sieht, strahlt sie über das ganze Gesicht. Jetzt sieht sie wieder aus wie unsere liebe Oma!

„Hallo ihr zwei! Ich habe euch ja so sehr vermisst!", sagt Oma. Langsam und auf den Wagen gestützt kommt sie auf uns zu.

„Jetzt sind wir wieder zusammen. Jetzt ist alles gut", freut sich auch Opa, der aus dem Haus gekommen ist.

Wir gehen alle nach drinnen.

„Komm, Oma, ich will dir mein neues Puppenhaus zeigen!", sagt Malin und will an Omas Gehwagen ziehen.

„Nicht so schnell, Malin! Das Laufen fällt mir noch sehr schwer und ich möchte jetzt nur gern in meine Wohnung und einen Moment ausruhen. Aber ich schaue es mir an, sobald es mir besser geht, versprochen!"

Papa hilft Oma, die drei Treppen an der Haustür nach oben zu gehen. Oma braucht wirklich sehr lange. Auf jeder Stufe bleibt sie kurz stehen und verschnauft.

Oben angekommen hakt Opa sie unter, und gemeinsam gehen sie langsam hinein.

„Endlich daheim!", freut sich Oma. „Hier ist es einfach viel schöner als im Krankenhaus."

Oma stellt die Gehhilfe in die Ecke. Sie setzt sich langsam auf den Stuhl im Gang und ich helfe ihr beim Ausziehen der Schuhe.

„Danke, Elias", sagt Oma, als ich ihr auch die Hausschuhe anziehe.

Oma bewundert kurz den neuen Badewannenlifter, als sie mit ihrem Gehgestell am Bad vorbeikommt. Und auch die Toilettensitzerhöhung gefällt ihr, vor allem als ich sie ihr als ihren Thron vorstelle. So hat Mama nämlich meinen Toilettensitz auch bezeichnet, als ich noch kleiner war.

„Oma, das ist noch nicht alles. Du solltest erst mal dein neues Bett sehen, das ist noch viel toller!“, sage ich und zapple vor Ungeduld.

Oma lacht und geht langsam weiter.

Malin geht mit Oma mit und zupft sie ungeduldig am Ärmel.

„Komm schon, Oma, das Puppenhaus!“, sagt sie.

„Das Bett ist wichtiger!“, erinnere ich Oma.

Aber Oma schüttelt nur müde den Kopf. „Kinder, ich muss mich ausruhen. Es tut mir leid."

Im Wohnzimmer hilft ihr Opa, sich hinzusetzen. Mama kommt herein und gibt Oma ein Glas Wasser.

Oma sieht sehr erschöpft aus. Sie trinkt einen Schluck, dann lehnt sie sich seufzend zurück.

„Kein Problem, Oma!", sage ich. „Malin und ich helfen dir einfach ganz viel, damit du schnell wieder gesund wirst."

„Ja, genau!", nickt Malin. „Ich gehe ab morgen einfach nicht mehr in den Kindergarten, dann kann ich immer bei dir sein!"

Alle lachen und Oma nimmt Malin und mich wieder in den Arm und drückt uns.

Dann schläft sie ein und fängt leise an zu schnarchen.

Wir schleichen leise nach draußen und gehen hinauf in unsere eigene Wohnung.

Ich finde es super, dass Oma endlich wieder da ist, und überlege schon, wann sie das erste Mal Schiedsrichterin sein kann.

Drei Tage später ist endlich Wochenende. Ich habe mir trotzdem meinen Wecker gestellt und springe beim Klingeln auch gleich aus dem Bett.

Heute darf ich zuschauen, was die Krankenpflegerin des mobilen Hilfsdienstes in der Früh mit Oma macht!

Ich flitze in die Küche, aber eigentlich bin ich viel zu ungeduldig zum Frühstücken. Schnell noch Zähne putzen, anziehen, und schon renne ich die Stufen runter zu Oma und Opa.

Opa öffnet mir die Tür.

„Guten Morgen, Elias!", begrüßt er mich. „Ich habe Oma gerade geweckt. Schwester Katrin müsste jeden Moment da sein!"

Da klingelt es auch schon.

Eine junge Frau mit einem Zopf und einer großen Tasche kommt zur Wohnungstür herein.

„Guten Morgen, Herr Morgenroth! Wie geht es Ihnen heute?", fragt sie gut gelaunt.

„Ach gut, vielen Dank, Schwester Katrin."

„Und du bist Elias?", wendet sie sich an mich. Ich nicke und strecke ihr meine Hand entgegen.

„Ich bin Katrin. Na, dann komm mal mit. Wir wollen gleich einmal nach deiner Oma schauen."

Katrin geht voran ins Schlafzimmer. Während sie die Vorhänge beiseite zieht, begrüßt sie Oma und ihren Vogel Putzi, den Wellensittich.

„Haben Sie gut geschlafen, Frau Morgenroth?", fragt Katrin meine Oma.

Oma nickt. Sie sieht noch recht müde aus. So wie ich, wenn ich morgens von Mama für die Schule geweckt werde.

„Schauen Sie nur, die Sonne scheint und es wird ein warmer Frühlingstag“, sagt Katrin zu Oma. „Außerdem bekommen wir heute Hilfe von Ihrem Enkel!“

„Guten Morgen, Oma!“, rufe ich und gebe Oma einen Schmatz.

„Hallo Elias, wie schön, dass du da bist!“, freut sich Oma.

Opa kommt auch ins Schlafzimmer. Er trägt eine große Schüssel mit warmem Wasser, die er auf einen kleinen Tisch neben Omas Bett stellt. Auf dem Tischchen stehen außerdem Seife, Zahnbürste und Zahnputzbecher.

Katrin zieht sich zwei dünne Gummihandschuhe an. Dann nimmt sie einen Schwamm und tut etwas Seife darauf.

„So, dann wollen wir mal!“, meint sie zu Oma.

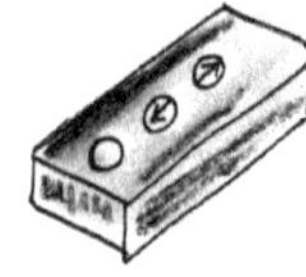

Oma drückt den Knopf auf der Fernbedienung, der das Bett hochfährt. Als das Bett ganz oben ist, hilft Katrin Oma, sich auf die Bettkante zu setzen und sich das Nachthemd auszuziehen.

Dann wickelt sie Oma in ein Handtuch ein und reicht ihr den nassen Waschlappen. Ganz langsam tupft sich Oma damit ab. Rasch seift Schwester Katrin Oma den Rücken ein.

„Ich wusste gar nicht, dass man sich auch im Bett waschen kann“, sage ich erstaunt.

„Doch, das geht sogar sehr gut. Man muss nur immer ein Handtuch unterlegen, dann wird auch nichts nass", erklärt mir Katrin.

Oma gibt Katrin den Waschlappen zurück und trocknet sich das Gesicht ab.

„Ach, jetzt bin ich schon ganz kaputt", sagt sie. „Bitte machen Sie doch weiter, Schwester Katrin."

„Ein wenig geht noch, Frau Morgenroth", ermuntert Katrin meine Oma. „Waschen Sie doch Ihre Arme noch selbst, danach helfe ich Ihnen gern weiter."

Oma seufzt, und eifrig frage ich: „Soll ich dir vielleicht helfen, Oma?"

„Das ist ganz lieb, Elias, aber ich bin ganz sicher, deine Oma schafft das sehr gut", sagt Katrin zu mir. „Weißt du, es ist ganz wichtig, dass deine Oma langsam wieder mehr und mehr selbst macht. Schließlich soll sie es eines Tages wieder ganz ohne meine Hilfe können. So schön es ist, wenn deine Mama dir manchmal hilft, aber du möchtest ja auch lieber ganz viel selbst machen, nicht wahr?"

Hm. Das stimmt. Neuerdings kann ich mir sogar schon ganz allein meine Haare waschen! Das macht mich wirklich stolz und ich will gar nicht mehr, dass mir Mama dabei hilft.

Ich bin ganz schön erstaunt, wie anstrengend schon nur das Waschen und Anziehen für Oma zu sein scheint. Dabei geht es doch so einfach, finde ich.

„Man muss viel Geduld haben, Elias", erklärt mir Katrin, während sie sich die Handschuhe auszieht. „Deine Oma hatte einen schweren Unfall und danach eine Operation, die sie zusätzlich geschwächt hat. Das Heilen und auch das Kräftigwerden brauchen lange. Manchmal werden dabei sogar die Patienten selbst ungeduldig, nicht wahr, Frau Morgenroth?"

Sie zwinkert Oma zu.

Oma stöhnt: „Oh ja, das stimmt! Eigentlich geht mir alles viel zu langsam. Ich bin froh, dass Sie mir helfen, Schwester Katrin."

„Ja, wir bekommen das hin!", sagt Katrin.

Sie wäscht Oma noch die Füße und zieht ihr dann Strümpfe, eine weiche Hose und Hausschuhe an.

„Jetzt freue ich mich auf mein Frühstück!", sagt Oma und drückt auf den Knopf, der ihr ganzes Bett herunterfährt. „Das haben Sie sich auch verdient!", lobt Katrin meine Oma.

Als Omas Füße den Boden berühren, schiebt Katrin ihr die Gehhilfe vor. Oma umklammert sie fest, und mit ein wenig Unterstützung stellt sie sich langsam hin.

„Puh, das ist anstrengend!", schnauft Oma. „Und weh tut es auch noch in meinem operierten Bein und in der Schulter."

„Wirst du es in die Küche schaffen, Oma?", frage ich. „Ich hoffe es", sagt Oma. „Jetzt ist ja Schwester Katrin noch da, und später hilft mir Opa. Das geht schon!" Ganz langsam läuft Oma los, begleitet von Katrin auf einer Seite und von mir auf der anderen.

In der Küche hat Opa bereits das Frühstück vorbereitet. Oma setzt sich auf ihren Platz am Fenster.

„Elias, magst du mit uns frühstücken?", fragt Opa.„Au ja!", freue ich mich. Katrin verabschiedet sich winkend. „Auf Wiedersehen und bis bald, Elias!"

Was für ein aufregender Tag! Heute gibt es Zwischenzeugnisse und danach habe ich Faschingsferien. Von der Schule bin ich in einem Megatempo nach Hause gerannt, direkt zu Oma und Opa.

„Oma, Opa, kommt nur schnell und schaut mein Zeugnis an!", rufe ich völlig außer Atem. „In Rechnen habe ich eine Eins bekommen und in Deutsch auch!"

„Na na, nicht so stürmisch, Elias! Komm doch erst mal rein. Wir gehen in die Küche, da ist das Licht schön hell und ich kann dein Zeugnis gut lesen. Oma kommt sicherlich auch gleich, sie ist noch im Wohnzimmer."

Ungeduldig trete ich von einem Bein auf das andere.

In der Küche setzt Opa sich an den Tisch, nimmt langsam seine Lesebrille mit den dicken Gläsern aus dem Mäppchen und beginnt, mein Zeugnis zu studieren. Endlich höre ich Oma im Flur.

„Oma, schau nur, mein Zeugnis!", rufe ich.

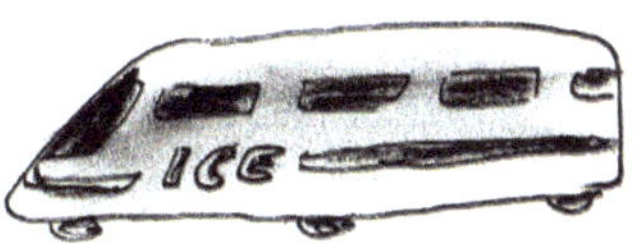

„Hallo Elias! Schön, dass du da bist!", freut sich Oma. „Leider bin ich nicht mehr so schnell wie du."

Oma stützt sich auf ihre Gehhilfe und kommt langsam zu uns. Sie kann schon wieder viel besser laufen als noch vor einigen Wochen!

Katrin sagt, dass Oma zwar wahrscheinlich für immer ihre Gehhilfe benutzen muss. Aber das macht nichts.

Oma hat für draußen seit einiger Zeit nämlich eine besondere Gehhilfe. Sie heißt Rollator und hat Räder.

Wenn ich im Garten mit Papa Fußball spiele, kann sich Oma einfach auf ihren Rollator setzen und die Tore zählen. Außerdem hat sie auch immer etwas zu trinken für uns dabei, weil am Rollator ein praktischer Korb dran ist.

Die Haustüre geht auf und Mama kommt herein, schwer beladen mit Einkaufstaschen.

„Hallo ihr Lieben, da bin ich wieder!" Mama stellt die Taschen in Omas Küche ab und umarmt mich.

„Na mein Großer! Ist das nicht schön, dass du jetzt Ferien hast?"

„Und wie, Mama! Können wir jetzt bitte Pfannkuchen essen gehen?"

„Nun mal langsam, Elias! Oma und Opa wollen sicherlich erst einmal zu Mittag essen." Mama zwinkert mir zu. „Du weißt doch, alte Menschen mögen nicht gerne Änderungen in ihrem Tagesablauf.

Und erst recht nicht, wenn es immer ganz schnell gehen soll. Dein Pfannkuchen läuft dir ja nicht weg."

Oma lacht und gibt mir mein Zeugnis wieder.

„Toll gemacht, Elias!", lobt sie mich. „Mal schauen, vielleicht hilft deine Mama mir ja morgen die Treppenstufen zur Straße hinunter, dann sehen wir uns den Faschingszug an."

„Au ja, wie fein!", juble ich.

„Aber jetzt brauche ich erst mal mein Mittagessen und dann einen kurzen Mittagsschlaf", sagt Oma.

Am nächsten Tag erwartet Oma noch eine Überraschung: Im Haus ist ein neuer Treppenlift eingebaut. „Los Oma, probiere ihn mal aus!", rufe ich aufgeregt. „Dann kannst du den Faschingszug sogar von oben aus dem Fenster sehen."

Mama meint, dass Oma so viel einfacher nach oben zu uns kommt. Außerdem wird Papa am Haus bald eine schräge Rampe anbauen, damit Oma mit dem Rollator leichter auf die Straße gehen kann.

In unserer Wohnung sagt Mama zu mir:

„Elias, heute wartet auch auf dich eine Überraschung. Du bekommst Besuch von deinem Freund Arne."

„Oh wie schön!", freue ich mich. „Ich habe Arne ja seit unserem Umzug nicht mehr gesehen. Darf ich mal gemeinsam mit ihm Treppenlift fahren?"

„Ich will auch!", ruft Malin dazwischen.

„Na gut, ausnahmsweise", sagt Mama. „Aber nun helft mir bitte noch rasch, den Tisch zu decken für das Mittagessen."

„Machen wir!", rufen Malin und ich wie aus einem Mund.

Während des Essens plaudere ich die ganze Zeit aufgeregt, weil ich so viele Sachen mit Arne spielen will. Außerdem werden wir alle zusammen den Faschingszug anschauen und bestimmt ganz viele Bonbons lutschen.

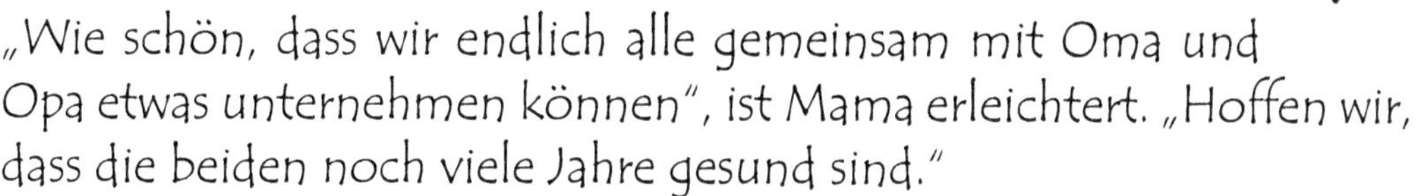

„Wie schön, dass wir endlich alle gemeinsam mit Oma und Opa etwas unternehmen können", ist Mama erleichtert. „Hoffen wir, dass die beiden noch viele Jahre gesund sind."

Das hoffe ich auch. Denn im Krankenhaus war Oma nun wirklich lange genug. Zu Hause geht es uns allen viel besser!

Quiz für Kinder

Kannst du dich noch gut an die Geschichte im Buch erinnern? Versuche zu antworten. Am besten geht das zusammen mit einem Erwachsenen, der die Geschichte auch gelesen hat.

1. Warum kann Malin nicht jede Nacht bei Oma schlafen, wenn alle zusammen in einem Haus wohnen?

2. Was entdeckt Elias alles in der Notaufnahme?

3. Weshalb dauert es so lange, bis Oma wieder an Elias' Fußballspielen teilnehmen kann?

4. Welche Hilfsmittel schafft die Familie für Oma an?

5. Was ist „Essen auf Rädern"?

6. Warum will Schwester Katrin Oma nicht die Arme waschen, obwohl sie doch vom Pflegedienst ist?

7. Wobei kann der Treppenlifter Oma helfen?

Zu 1) Wenn alle zusammenwohnen, entsteht ein Alltag, der nicht wie die Ferien sein kann. Ein Alltag bedeutet, dass Regeln für jeden Tag gelten, und nicht Ausnahmen.

Zu 2) Viele Räume, weiß gekleidete Menschen, hohe Schränke, Metallwagen mit Binden, Pflastern, Schere, Stühle

Zu 3) Die Knochen alter Menschen heilen langsamer.

Zu 4) Hausnotruf, Badewannenlifter, Pflegebett, Gehgestell/Rollator, Treppenlifter, schräge Rampe

Zu 5) Das Essen wird fertig gekocht ins Haus gebracht. Da es mit einem Auto geliefert wird, heißt es „Essen auf Rädern".

Zu 6) Katrin möchte, dass Oma so viel wie möglich allein macht und wieder neu lernt. Sie weiß, dass man stolz ist, wenn man etwas selbst schafft.

Zu 7) Oma kann so leichter von einer Etage in die nächste gelangen. So kann sie auch einmal bei Elias und Malin in der Wohnung sein, ohne Mama und Papa um Hilfe zu bitten.

Wie ist es bei euch zu Hause?

Wenn auch du eine Oma/einen Opa hast, die/der Hilfe im Alltag benötigt:

Welche Tätigkeiten kann Oma/Opa zurzeit oder dauerhaft nicht mehr alleine schaffen? Male sie bunt an oder, wenn kein passendes Bild vorhanden ist, zeichne ein passendes Bild in den leeren Kreis.

Woran denkst du?

Welche Fragen gehen dir durch den Kopf, wenn du an die Situation deiner Familie und/oder an Omas/Opas Krankheit denkst? Schreibe sie auf oder sprich mit Mama/Papa darüber.

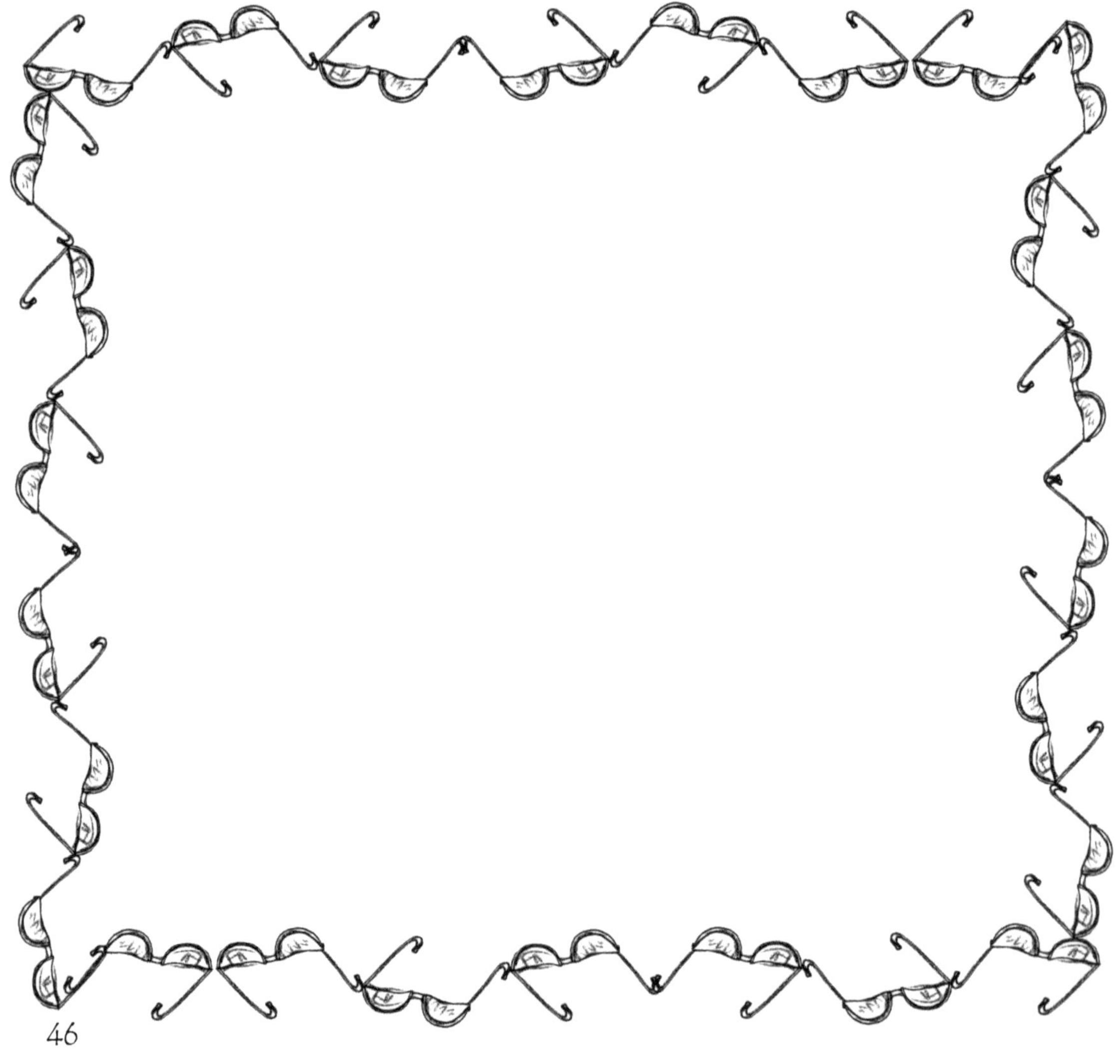

Auch du kannst helfen!

Welche Hilfe könntest du Oma/Opa bieten? Schreibe oder male deine Ideen auf.

Nützliche Hinweise für Eltern

Die Erkrankung eines Familienmitglieds, aber auch typische Begleiterscheinungen des Älterwerdens betreffen die ganze Familie. Das ist besonders dann so, wenn beispielsweise Großeltern, Eltern und Kinder zusammen wohnen. Kinder spüren solche Veränderungen sehr genau. Wenn die Veränderungen als Tabu-Thema behandelt werden, kann dies bei Kindern Verunsicherung auslösen. Deshalb ist es sehr wichtig, ihnen zu erklären, was und warum etwas passiert. Außerdem ist es hilfreich, Kinder in die neue Situation einzubeziehen.

Viele gesundheitliche Probleme von älteren Menschen sind dauerhaft. Die Beziehung zwischen Kindern und Großeltern verändert sich dadurch langfristig. Oma kann vielleicht nie mehr Fußball spielen und Opa sieht beispielsweise nicht mehr genug, um noch vorzulesen.

Hilfreich kann es auch sein, mit Kindern über den Kreislauf des Lebens zu sprechen und Omas oder Opas gesundheitliche Probleme einzuordnen. Vielleicht können sogar Oma oder Opa selbst mit den Enkeln darüber sprechen.

Da Kinder aufgrund ihrer eigenen Erfahrung ganz andere Vorstellungen vom Begriff „Krankheit" haben, ist es wesentlich, mit ihnen zu besprechen, wie sich Omas oder Opas Gesundheitszustand auf den Alltag auswirkt. Dabei geht es nicht nur um die Dinge, die nun nicht mehr möglich sind, sondern unbedingt auch um all das, was weiterhin verbinden kann. Vor allem gemeinsame Rituale sind gut für alle Beteiligten. Und Kuscheln und Schmusen sind in nahezu allen Fällen erlaubt und wirken sich positiv für Kinder und Großeltern aus.

Wenn Kinder den Wunsch äußern, Erwachsene bei der Pflege zu unterstützen, dann sollte das ermöglicht werden. Dabei aber sollten Kinder keinesfalls überfordert werden. Kleine helfende Handreichungen können das Gefühl von Ernstgenommenwerden erzeugen. Aber jederzeit muss ein Kind sich auch zurückziehen dürfen.

Wenn Eltern durch die Pflege von Großeltern weniger Zeit für Kinder haben, sollte auch das kindgerecht thematisiert werden. Oft hilft es schon, wenn Kinder bemerken, dass den Eltern dieser Umstand bewusst ist. Außerdem sollten Eltern darauf achten, genügend Freiräume und gemeinsame Zeiten mit ihren Kindern zu schaffen.

Glossar

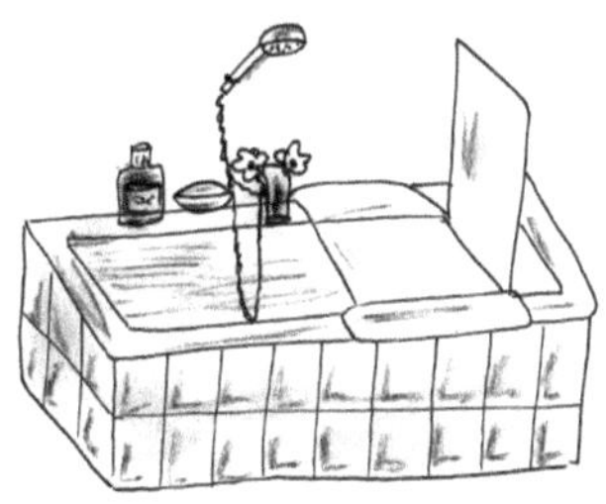

Badewannenlift: Ebenso wie der *Treppenlift* ist der Badewannenlift ein Bewegungshilfsmittel. Damit ist ein sicherer Einstieg in eine oder Ausstieg aus einer Badewanne möglich, so dass ein selbstständiges Waschen/Baden ermöglicht wird.

Barrierefreiheit: Dies meint die Gestaltung der Umwelt in einer Weise, dass auch ältere und behinderte Menschen sich ungehindert bewegen können. Der Begriff wird selten im häuslichen Umfeld angewendet, doch auch dort ist eine umfangreiche Zugänglichkeit wichtig, damit der Betroffene möglichst viel am familiären Leben teilnehmen kann. Viele Pflegehilfsmittel dienen dazu, diese Barrierefreiheit herzustellen (z.B. *Badewannenlift*, *Treppenlift*).

Essen auf Rädern: Diese umgangssprachliche Bezeichnung meint Lieferservices, durch die pflegebedürftige Menschen mit fertig zubereiteten Mahlzeiten versorgt werden. Häufig können dabei auch spezielle Ernährungsbedürfnisse berücksichtigt werden.

Gehhilfe (unter anderem Rollator, Gehgestell, Gehbock, Stock): Mit diesem Oberbegriff sind alle Hilfsmittel zur Zu-Fuß-Fortbewegung von Menschen gemeint. Sie unterstützen bei unterschiedlichen Graden eingeschränkter Mobilität. Während ein Rollstuhl beispielsweise bei immobilen Personen zum Einsatz kommt, ist ein Rollator einerseits ständige Gehstütze, Möglichkeit zum sitzenden Ausruhen und Tragegestell für Taschen u. Ä. Ein Stock wiederum ist allein als Stütze beim Gehen und Stehen nutzbar.

Hausnotruf: Diese elektrische Installation gibt älteren und/oder kranken Menschen die Sicherheit, sich im Notfall jederzeit an einen Pflegedienst wenden zu können. Über einen tragbaren Sender kann der Notruf ausgelöst werden. Entweder wird dann über ein Gespräch eine Problemlösung ermöglicht oder aber umgehend ein Notarzt verständigt.

Mobiler Hilfsdienst (ambulante Pflege): Solche Einrichtungen ermöglichen Pflegebedürftigen, im häuslichen Umfeld zu bleiben, auch wenn sie bestimmte nötige Verrichtungen nicht mehr allein bewältigen können. Damit ist die ambulante Pflege auch eine Unterstützung für Familien. Die Tätigkeiten reichen von der Grundpflege (z.B. Waschen) über die Krankenpflege (z.B. Medikamentengabe) und Beratungstätigkeiten (z.B. Vermittlung weiterer Hilfsangebote) bis zu hauswirtschaftlichen Tätigkeiten (z.B. Einkaufen).

Pflege: Der Begriff umfasst mehrere Bedeutungen, die die Sorge für einen *Pflegebedürftigen* in spezielle Formen unterteilen. Im Kontext dieses Buches ist damit einerseits die Altenpflege, das heißt die Betreuung von betagten Menschen, angesprochen. Zum anderen ist damit die Krankenpflege gemeint. Im Buch wird von den Angehörigen mit der Unterstützung eines *mobilen Hilfsdienstes* eine häusliche Pflege ermöglicht. Der Begriff der aktivierenden Pflege, wie sie von der Vertreterin des Hilfsdienstes angeboten wird, bedeutet dabei, dass die erkrankte Person ermutigt wird, noch vorhandene Fähig- und Fertigkeiten zu trainieren.

Medizinischer Dienst der Krankenkasse: Dieser Dienst begutachtet die *Pflegebedürftigkeit*, um Leistungen aus der Pflegeversicherung zu erhalten.

Pflegebedürftigkeit: Dieser Begriff bezeichnet eine gesetzlich normierte Vorstellung von der Hilfsbedürftigkeit einer Person. Dabei geht es um den Anspruch auf Leistungen aus der Pflegeversicherung, der durch den *Medizinischen Dienst* der Krankenkassen festgestellt wird.

Pflegebett: Ein solches Bett besitzt verschiedene Zusatzfunktionen, die darauf ausgerichtet sind, einem nur eingeschränkt mobilen Menschen ein gutes Liegen und unterstützendes Aufstehen sowie Hinlegen zu ermöglichen.

Reha/Rehabilitation: Damit ist die Wiederherstellung von Körperfunktionen, beispielsweise nach einem Unfall, gemeint. Dies kann ambulant oder stationär geschehen. In der Rehabilitation werden ergo-, physio- und auch psychotherapeutische Maßnahmen eingesetzt.

Toilettensitzerhöhung: Dieses orthopädische Hilfsmittel erleichtert das Setzen auf die und Erheben von der Toilette.

Treppenlift: Wie ein Fahrstuhl ermöglicht der Treppenlift das Überwinden der Etagenhöhen für bewegungseingeschränkte oder -unfähige Personen. Damit ist nicht nur eine höhere Mobilität möglich, sondern auch eine Teilnahme des Betroffenen am Familienleben.

Ich weiß jetzt wie! Band 13

Oma war die Beste!

Oma Hanni ist alt. Sie liegt im Bett und spricht mit ihrem Enkel Elias über Leben und Sterben. Elias will nicht, dass seine Oma stirbt, denn er hat sie sehr lieb. Aber Oma sagt, dass Sterben zum Leben dazugehört. Elias gestaltet seiner Oma ein besonderes Andenken, und auch Oma Hanni übergibt Elias ein wichtiges Geschenk. Einige Tage später stirbt Oma und alle in der Familie sind traurig. Sie trösten sich gegenseitig, und Elias lernt, dass Menschen unterschiedliche Vorstellungen davon haben, was nach dem Tod geschieht. Mit der Zeit können auch Elias und seine Familie wieder fröhlich sein, mit Oma im Herzen.

Zusätzlich: „Ich weiß jetzt wie!"-Seiten für Kinder mit Anregungen und Fragen • Erwachsenen-Seiten mit weiterführenden Erklärungen zum Thema Sterben, Trösten und Leben.

Heike Wolter
Regina Masaracchia (Illustrationen)

Oma war die Beste!

Das Kindersachbuch zum Thema Sterben, Trösten und Leben

Reihe „Ich weiß jetzt wie!", Band 13
edition riedenburg, Salzburg
Im Buchhandel in D, A, CH

www.editionriedenburg.at

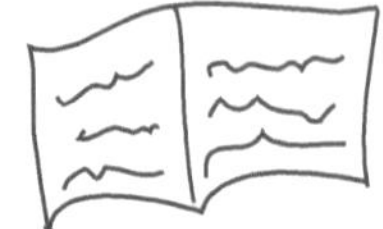

Ausgewählte Titel der edition riedenburg

Buchreihen

Ich weiß jetzt wie! Reihe für Kinder bis ins Schulalter
SOWAS! – Kinder- und Jugend-Spezialsachbuchreihe
Verschiedene Alben für verwaiste Eltern und Geschwister

Einzeltitel

Alle meine Tage – Menstruationskalender
Alle meine Zähne – Zahnkalender für Kinder
Annikas andere Welt – Psychisch kranke Eltern
Ausgewickelt! So gelingt der Abschied von der Windel
Baby Lulu kann es schon! – Windelfreies Baby
Babymützen selbstgemacht! Ganz einfach ohne Nähen
Besonders wenn sie lacht – Lippen-Kiefer-Gaumenspalte
Bitterzucker – Nierentransplantation
Brüt es aus! Die freie Schwangerschaft
Das doppelte Mäxchen – Zwillinge
Das große Storchenmalbuch mit Hebamme Maja
Der Kaiserschnitt hat kein Gesicht – Fotobuch
Der Wuschelfloh, der fliegt aufs Klo! – Spatz ohne Windel
Die Josefsgeschichte – Biblisches von Kindern für Kinder
Die Sonne sucht dich – Foto-Meditation Schwangerschaft
Drei Nummern zu groß – Kleinwuchs
Egal wie klein und zerbrechlich – Erinnerungsalbum
Ein Baby in unserer Mitte – Hausgeburt und Stillen
Finja kriegt das Fläschchen – Für Mamas, die nicht stillen
Frauenkastration – Fachwissen und Frauen-Erfahrungen
Ich war ein Wolfskind aus Königsberg – DDR und BRD
In einer Stadt vor unserer Zeit – Regensburg-Reiseführer
Jutta juckt's nicht mehr – Hilfe bei Neurodermitis
Konrad, der Konfliktlöser – Clever streiten und versöhnen
Lass es raus! Die freie Geburt
Leg dich nieder! Das freie Wochenbett
Lilly ist ein Sternenkind – Verwaiste Geschwister
Lorenz wehrt sich – Sexueller Missbrauch
Luxus Privatgeburt – Hausgeburten in Wort und Bild
Machen wie die Großen – Rund ums Klogehen
Maharishi Good Bye – Tiefenmeditation und die Folgen
Mama und der Kaiserschnitt – Kaiserschnitt
Mamas Bauch wird kugelrund – Aufklärung für Kinder
Manchmal verlässt uns ein Kind – Erinnerungsalbum
Mein Sternenkind – Verwaiste Eltern
Meine Folgeschwangerschaft – Schwanger nach Verlust
Meine Wunschgeburt – Gebären nach Kaiserschnitt
Mit Liebe berühren – Erinnerungsalbum
Mord in der Oper – Bellinis letzter Vorhang
Nasses Bett?– Nächtliches Einnässen
Nino und die Blumenwiese – Nächtliches Einnässen, Bilderbuch
Oma braucht uns – Pflegebedürftige Angehörige
Oma war die Beste! – Trauerfall in der Familie
Papa in den Wolken-Bergen – Verlust eines nahen Angehörigen
Pauline purzelt wieder – Übergewichtige Kinder
Regelschmerz ade! Die freie Menstruation
So klein, und doch so stark! – Extreme Frühgeburt
So leben wir mit Endometriose – Hilfe für betroffene Frauen
Soloschläfer – Erholsamer Mutter-Kind-Schlaf ohne Mann
Still die Badewanne voll! Das freie Säugen
Stille Brüste – Das Fotobuch für die Stillzeit und danach
Tragekinder – Das Kindertragen Kindern erklärt
Und der Klapperstorch kommt doch! – Kinderwunsch
Und wenn du dich getröstet hast – Erinnerungsalbum
Unser Baby kommt zu Hause! – Hausgeburt
Unser Klapperstorch kugelt rum! – Schwangerschaft
Unsere kleine Schwester Nina – Babys erstes Jahr
Volle Hose – Einkoten bei Kindern

Bezug über den (Internet-)Buchhandel in Deutschland, Österreich und der Schweiz.